Diagnose, Zielsetzung und Trainingsplanung Makro-, Mesozyklus. Trainingsplanerstellung

Corinna Wolf

Bibliografische Information der Deutschen Nationalbibliothek:

Die Deutsche Nationalbibliothek verzeichnet diese Publikation in der Deutschen Nationalbibliografie; detaillierte bibliografische Daten sind im Internet über http://dnb.d-nb.de abrufbar.

ISBN: 9783346980854
Dieses Buch ist auch als E-Book erhältlich.

© GRIN Publishing GmbH
Trappentreustraße 1
80339 München

Druck und Bindung: Books on Demand GmbH, Norderstedt Germany
Gedruckt auf säurefreiem Papier aus verantwortungsvollen Quellen

Das Buch bei GRIN: https://www.grin.com/document/1430240

Inhaltsverzeichnis

1 Literaturverzeichnis

Diagnose 1

1.1 Allgemeine und biometrische Daten 1.1

Tabelle 1: Allgemeine Daten

Alter:	35 Jahre
Geschlecht:	Weiblich
Körpergröße:	170 cm
Körpergewicht:	83 kg
Trainingsmotive:	Sicherheitsmotiv, sie hat das Bedürfnis nach Gesundheit und es liegt eine Empfehlung des Arztes zum Fitnessstudio vor, wegen Rückenschmerzen
Berufliche Tätigkeit:	Bürokauffrau; langes Sitzen
Aktuelle sportliche Aktivität:	Schwimmen
Leistungsstufe:	Beginner
Trainingsumfang:	Ein bis zweimal die Woche für 1 Stunde
Frühere sportliche Aktivität:	Im Fußballverein
Leistungsstufe:	Fortgeschrittener, 6 Jahre
Trainingsumfang:	Drei bis viermal die Woche
Zeitlichen Verfügungsrahmen:	Zwei bis dreimal die Woche je 60 Minuten

Tabelle 2: Biometrische und weitere Daten über den allgemeinen Gesundheitszustand

Parameter	Normwerte	Bewertung
Blutdruck: 139/85 mmHg	Normotonie: 120/80 – 139/89 mmHg	Blutdruck noch im Normbereich, aber grenzwertig
BMI: 28,7	Normalgewicht: 18,5 – 25	BMI ist im Bereich des Übergewichts

Sonstiges:

- Ausschließlich sitzende Tätigkeit; eventuell Ursache für Rückenschmerzen
- Ärztliche Empfehlung zu Fitnesstraining, da der Risikofaktor Übergewicht, das orthopädische Problem (Rückenschmerzen) und ein Normgrenzwert des Blutdrucks vorliegen.

Bewertung:

Aus diesen erfassten allgemeinen und biometrischen Daten in Tabelle 1 schlussfolgert sich für die Belastbarkeit bzw. Trainierbarkeit der Frau, das wenig Einwände gegen ein regelmäßiges Krafttraining unter voller Belastung vorliegen. Die Person wir mit ihren 6 Monaten Kraftsport Erfahrung als Geübte eingestuft.

Nach der Blutdruckklassifikation der American Heart Association (modifiziert nach Mancia et al., 2013, S. 1286) liegt der Blutdruck im hochnormalen Bereich der Normotonie Der Wert ist für die weitere Trainingsplanung nicht als Einschränkung einzustufen, durchaus spricht nichts gegen eine Senkung des Blutdrucks in den normalen Bereich und wird als positiv gewertet. Die Kundin hat nach Angaben der Weltgesundheitsorganisation ein leichtes Übergewicht und einen Body-Mass-Index-Wert von 28,7kg/m² (vgl. WHO BMI classification, 2006). Auf Grund ihrer überwiegend sitzenden Tätigkeit als Bürokauffrau und die darauffolgenden Rückenschmerzen, ist der Muskelaufbau im Bereich des Rumpfes als wichtiger Punkt anzusehen. Die Belastbarkeit ist nicht eingeschränkt, da der Arzt zu Fitnesstraining geraten hat. Es liegt eine ärztliche Empfehlung, wegen den Risikofaktoren Übergewicht, Bluthochdruck und Rückenschmerzen vor. Ansonsten liefert ihr allgemeiner Gesundheitszustand keine weiteren Probleme auf, sodass ein Trainingsplan unter Berücksichtigung der genannten Risikofaktoren erstellt werden kann und von einer Ausführung mit individuell höher Belastbarkeit ausgegangen werden kann. Die Trainierbarkeit wird auf Grund der hohen Motivation der Kunden durch ihre gesetzten 2-3 Einheiten pro Woche als hoch eingestuft.

1.2   Krafttestung

Die Auswahl des Mehrwiederholungstest bzw. individuelle-Leistungsbild-Methode Test wurde im Hinblick auf den Leistungszustand dieser Person gewählt, da Sie seit 6 Monaten Eingewöhnungsphase, Krafttraining durchführt und somit als Geübte eingestuft wird. Das Grundwissen für die Ausführungen der Übungen hat Sie in der Eingewöhnungsphase erlernt. Aufgrund der Steigerung der Belastungsintensität spätesten alle 2 Wochen und der Variabilität weiterer Belastungsparameter, kann sichergestellt werden, das keine Unterforderung oder Überforderung auf die Muskulatur erfolgen und die Variabilität aufrecht erhalten werden kann. Allgemein ermöglicht diese Krafttestung eine optimale, zielorientierte Trainingsplanung und Trainingssteuerung.

Der Ablauf des Mehrwiederholungskrafttest sieht wie folgt aus. Zu Beginn werden krafttrainingsspezifische Ziele, die darauf angepasste Wiederholungszahl und die Übungen festgelegt. In diesem Fall ist das krafttrainingsspezifische Ziel, Kraftausdauer, die darauf angepasste Wiederholungszahl liegt bei 15 Wiederholungen. Vor Beginn des Test findet ein allgemeines Aufwärmen auf den Crosstrainer für 10 Minuten statt, und danach folgt ein spezielles Aufwärmen der im Krafttest beanspruchten Muskulatur. Nach dem allgemeinen und speziellen Aufwärmen beginnt der Mehrwiederholungskrafttest mit dem ersten Testsatz mit der geforderten Wiederholungszahl 15. Es werden maximal drei Testsätze durchgeführt bis die maximale Belastungslast für die festgelegte Wiederholungszahl ermittelt wurde. Die Pause zwischen den Testsätzen beträgt 3 Minuten (vgl. Zimmer, 1999, S.45-47). Bei der Ausführung der Übungen muss auf die saubere Technik geachtet werden. Nach dieser Ermittlung des maximalen Gewichtes, wird dieser Wert als Ergebnis festgehalten und notiert. Die 15 Wiederholungen sollen hierbei mit maximaler Intensität ausgeführt werden, um das ideale Trainingsgewicht für den Trainingsplan zum Erreichen der Ziele des Kunden bestimmen zu können. Dieses Verfahren der Testsätze wird bei den weiteren Übungen des Krafttest durchgeführt bis bei allen Übungen ein Krafttestergebnis festgestellt wurde. Die Ergebnisse sind Teil der Umsetzung der Trainingsplanung. Die Wiederholungen und Übungen sind identisch mit dem späteren Trainingsplan. Die Ausführung der Übungen im Trainingsplan erfolgt mit geringerer Intensität, die liegt bei Geübten bei 60 – 80 % von ILB-Max. Nach jedem Mesozyklus wird der Test mit gewünschter Wiederholungszahl, je nach Trainingsziel, für den nächsten Mesozyklus wiederholt. um neue Trainingsreize zu setzen und ILB-Max zu ermitteln.

Tabelle 3: Mehrwiederholungskrafttest mit 15 Wiederholungen

Mehrwiederholungskrafttest (15-RM-Test)					
Testübung:	Wiederholung:	1. Testsatz:	2. Testsatz:	3. Testsatz:	Ergebnis:
Abduktoren Maschine	15	25kg	30kg	35kg	35kg
Adduktoren Maschine	15	25kg	30kg	37,5kg	37,5kg
Brustpresse	15	5kg	10kg	---	10kg

Rückenstre-cker	15	15kg	20kg	25kg	25kg
Bauchma-schine	15	10kg	15kg	20kg	20kg
Rotations-maschine	15	10kg	15kg	20kg	15kg
Butterfly Reverse	15	10kg	15kg	---	15kg
Trizeps Ma-schine	15	2,5kg	5kg	---	5kg

Aus diesen Testergebnissen schlussfolgert sich für die weitere Trainingsplanung und Trainingssteuerung, das zum einen die Möglichkeit zur Ableitung von Intensitäten besteht. Innerhalb der ILB- Methode können die Intensitäten variiert werden. Hierbei kann man sich am ILB-Grobraster der Trainingsplanung der ILB-Methode richten, so lernt die Muskulatur immer wieder neue Trainingsreize und eine Gewöhnung wird vermieden. Eine Dokumentation der individuellen Leistungsentwicklung ist möglich, wenn vor Beginn eines Mesozyklus ein ILB-Test durchgeführt wird. Daraus resultiert eine regelmäßige Erfolgskontrolle im Hinblick auf die Leistungsentwicklung. Generell existieren bei Krafttest keine Referenz oder Normwerte, durchaus besteht die Möglichkeit für ein Vergleichswert zu den früheren Ergebnissen oder zu anderen Personen. Die Möglichkeit eines Norm- bzw. Referenzwertvergleich ist bei diesem Krafttest nicht möglich.

2 Zielsetzung/Prognose 2

Tabelle 4: Ziele der Person

Inhalt	Ausmaß	Zeit
Senkung Blutdruck	Unter 130/85 mmHg (Verbesserung des Blutdrucks im Normbereich)	6 Monate
Rückenmuskulatur stärken	10kg mehr bewältigen als bei dem ersten ILB-Test	3 Monate
Gewichtsreduktion	5kg	2 Monate

Die Frau hat genaue Vorstellung für Ihre Zukunft und nannte persönlich als Trainings-motiv, das Sichheitsmotiv, dass bedeutet Sie das Bedürfnis nach Gesundheit hat. Des Weitern liegt eine Empfehlung des Arztes zum Fitnessstudio vor. Im Hinblick auf die erhöhten Werte der Parameter, können die Ziele aufgestellt werden. Zum einen die Sen-kung des Blutdrucks, zum anderen die Stärkung der Rückenmuskulatur.und die Ge-wichtsreduktion werden als Ziele gesetzt und dementsprechend das Ausmaß und die Zeit festgelegt. Nach 6 Monaten soll die Trainierende einen Blutdruck unter 130/85 mmHg erreichen und nach 3 Monaten sollte die Frau in einem erneuten ILB-Test von 15 Wie-derholungen ca.10kg mehr bewältigen können. Des Weiteren ist eine Gewichtsreduktion von 5kg in 2 Monaten veranlasst.

3   Trainingsplanung Makrozyklus 3

Tabelle 5: Periodisierung des Makrozyklus

	MESO-ZYKLUS I	ILB-TEST	MESO-ZYKLUS II	ILB-TEST	MESO-ZYKLUS III	ILB-TEST	MESO-ZYKLUS IV
ZYLUSDAUER	6 Wochen		8 Wochen		4 Wochen		6 Wochen
TRAININGSZIEL	Kraftaus-dauertrai-ning		Kraftaus-dauertrai-ning		Über-gangstrai-ning		Mus-kelaufbau-training
ORGANISATIONS-FORMEN	Ganzkör-per/Sta-tion		Ganzkör-per/Sta-tion		Ganzkör-per/Sta-tion		Ganzkör-per/Sta-tion
EINHEITEN/WO-CHE	2-3		2-3		2-3		2-3
ÜBUNGEN/MUS-KELGRUPPE	1-2		1-2		1-2		1-2
SÄTZE/ÜBUNGEN	2-3		2-3		3		3
SATZPAUSEN	60 sek.		60 sek.		60 sek.		90 sek.
WIEDERHOLUN-GEN	15		20		12-15		8-12
INTENSITÄTEN	60-80% ILB		60-80% ILB		60-80% ILB		60-80% ILB
BEWEGUNGS-TEMPO	2/0/2		2/0/2				

Der Makrozyklusplan ist auf der ILB-Methode aufgebaut, um die optimale Belastung für die jeweiligen Mesozyklen kraftsportspezifischen Ziele zu ermitteln. Im Hinblick auf die

Gesundheits- und Leistungsvoraussetzung der Testperson ist die Erstellung des Trainingsplans grundsätzlich keine Grenze gesetzt, denn aus der Studie (Eifler, 2000; Strack & Eifler, 2005b) wird ersichtlich, das sowohl bei Fortgeschrittenen als auch bei Beginnern ein Kraftzuwachs mit der ILB-Methode stattfindet. Des Weiteren kam eine größere Multicenter-Studie (Eifler, 2013 und 2017) zum Ergebnis, das bei allen Trainingsstufen und Trainingsübungen eine weitaus höhere und hoch ausgeprägte Kraftsteigerungen mit der ILB-Methode erzielt werden.

Das Belastungsparameter Einheit pro Woche in der Makrozyklusplanung wurde gewählt, da die Frau einen individuellen zeitlichen Verfügungsrahmen von 2-3 Einheiten in der Woche hat, der bei der Diagnose erfragt wurde. Es gibt viele Studien, die sich mit der optimalen Trainingshäufigkeit beschäftigen. Wirth, Aatzor und Schmidtbleicher (2007) stellten fest, das bei Trainingsbeginner mit mindestens 6 Monaten Trainingserfahrung 2-3 Einheiten pro Woche höhere Effekte bewirken als bei 1 Einheit pro Woche. Außerdem untersuchten Fröhlich und Schmidtbleicher (2008) die Frage nach der optimalen Trainigshäufigkeit. Die beiden untersuchten die Effektstärke von 1-6 Einheiten pro Woche, dabei stellte sich fest, das 3 Einheiten pro Woche am effektivsten ist. Weitere ähnliche Ergebnisse lieferten Peterson, Rhea und Alvar (2004) und Mc Lester, Bishop und Guilliams (2000) kamen zum Entschluss das der optimale Stimulus im Krafttraining die 3 Einheiten pro Woche sind. Eine weitere Studie von Buskies und Boeckh-Behrens (2009) besagt, das es bei Trainingsbeginner bei 1 Einheit pro Woche zu deutlichen Effekten kam, aber bei 2 oder 3 Einheiten pro Woche fielen diese deutlich höher aus. Bei den Übungen pro Muskelgruppe werden 1-2 Muskeln pro Muskelgruppe trainiert. Die Anzahl der Sätze/ Übung richten sich nach vielen Studien die eine Überlegenheit des Mehrsatztraining zeigen (Buskies & Boeckh-Behrens, 2009; Greiwing & Freiwald, 2005; Humburg, 2005;Kraemer, 1997; Marx et al., 2001; Paulsen et al., 2003; Pearson, Faigenbaum, Conley & Kraemer, 2000;Sanborn et al.,2000; Schlumberger et al., 2001). Des Weiteren wiesen verschiedene Metaanalysen (Peterson et al., 2004,2005 Rhea, Alvar, Burkett & Ball, 2003 Wolfe, Le Mura & Cole, 2004) Vorteile des Mehrsatz-Trainings auf. Zielt. Deshalb wurden im Makrozyklus die Anzahl der Sätze zwischen 2-3 pro Übungen. Bei Mesozyklus III geht es um Muskelaufbau, dort ist die Satzzahl zwischen drei und vier., da Koch und Haff (1999) ein hohes Trainingsvolumen als Schlüsselfaktor für Muskelhypertrophie sehen. Die Intensität muss mindestens 50 % der individuellen Maximalkraft betragen, um Effekte in Hinblick auf Hypertrophie zu erzielen (Güllich und Schmidtbleicher, 1999). Gießing, Fröhlich und Preuss (2005, S.17), liefern verschiedene Möglichkeiten der Trainingsintensität. Der hier eingesetzte Grad der Intensität ist der nRM „non repetition maximum", hierbei werden so viele Wiederholungen durchgeführt, bis der vorher angegebene Anstrengungsgrad erreicht wird. Weitere Wiederholungen wären noch möglich. Im Freizeit- und Gesundheitssport wird eine Intensität bis zum Muskelversagen kritisch gesehen (Buskies, 1999; Steiniger & Buchbauer, 1994), deswegen wurde eine submaximale Intensität von 60-80% gewählt. Eifler (2000, 2013) stellte bei einer submaximalen Intensität auch eine deutliche Kraftsteigerung fest.

Die Organisationsformen Ganzkörpertraining wurde im Hinblick auf das Zeitbudget gewählt, da die Kundin ein Zeitbudget von 2-3-mal die Woche hat. Außerdem sollte in einer Woche 2 Trainingsreize pro Muskelgruppe erzielt werden, darum ist im Zusammenhang mit den individuellen Zeitbudget das Ganzkörpertraining eine optimale Wahl. Das Stationstraining wurde gewählt, da durch die aufeinanderfolgenden Sätze eine stärkere Muskelermüdung erfolgt. Generell gibt es keine wissenschaftlichen Belege, welche die bessere Organisationsform ist. Die Wahl der Periodisierung fiel auf die lineare Periodisierung mit den Ziel Kraftausdauer. Im Hinblick auf die Kraftleistungssteigerung er wies sich die klassische lineare Periodisierung als effektivsten (Prestes, De Lima, Frollini, Donatto & Conte, 2009). Die Dauer eines Mesozyklus beträgt zwischen 4 bis 12 Wochen. Bei der linearen Periodisierung handelt es sich um progressiv ansteigende Intensitäten bei gleichzeitig regressiv abnehmenden Wiederholungen (Eifler, 2014, S. 171). Dies stellt insbesondere einen Vorteil für Trainingsbeginner dar, da sie von Mesozyklus zu Mesozyklus an höhere Intensitäten gewöhnt werden. Die ersten beiden Mesozyklen gehen den Ziel Kraftausdauer nach. Der Mesozylus III ist ein Übergangstraining, da wird der Sportler auf die folgende Belastung vorbereitet. Darauf folgt der Mesozyklus IV mit dem Ziel Muskelaufbau.

4 Trainingsplanung Mesozyklus 4

Tabelle 6: Periodisierung des Mesozyklus Teil 1

Zyklusdauer	Woche 1	Woche 2	Woche 3	Woche 4	Woche 5	Woche 6
Spezifisches Trainings- ziel	Kraftaus- dauer	Kraftaus- dauer	Kraftaus- dauer	Kraftaus- dauer	Kraftaus- dauer	Kraftaus- dauer

Einheiten/ Woche	2-3	2-3	2-3	2-3	2-3	2-3
Organisationsform	Ganzkörper/Stationstraining	Ganzkörper/Stationstraining	Ganzkörper/Stationstraining	Ganzkörper/Stationstraining	Ganzkörper/Stationstraining	Ganzkörper/Stationstraining
Übung/Muskelgruppe	1-2	1-2	1-2	1-2	1-2	1-2
Intensitäten	60% des ILB-Max.	65% des ILB-Max.	70% des ILB-Max.	75% des ILB-Max.	80% des ILB-Max.	80% des ILB-Max.

Tabelle 7: Periodisierung des Mesozyklus Teil 2

Übungen:	Sätze/Übung	Satzpausen	Wiederholungszahlen	Bewegungstempo
Abduktoren Maschine	3 Sätze pro Übung		15-30	Langsam, 2 sek/ 1 sek bei Endposition halten/ 2 sek (2/1/2)
Adduktoren Maschine	3 Sätze pro Übung		15-30	2/1/2
Brustpresse	3 Sätze pro Übung		15-30	2/1/2
Rückenstrecker	3 Sätze pro Übung		15-30	2/1/2
Bauchpressmaschine	3 Sätze pro Übung		15-30	2/1/2
Rotationsmaschine	3 Sätze pro Übung		15-30	2/1/2
Butterfly Reverse	3 Sätze pro Übung		15-30	2/1/2
Trizepsmaschine	3 Sätze pro Übung		15-30	2/1/2

Bei der Übungsauswahl liegt der Schwerpunkt bei geführten Maschinen, da das Kraftniveau relativ gut gemessen werden kann und somit kann eine individuelle Trainingsintensität festgelegt werden. Die Kundin wird von Woche zu Woche die Intensität steigern, da geführten Maschinen Gewichtsplatten haben, besteht eine einfache Möglichkeit von einer Intensitätssteigerung. Des Weiteren besteht die Möglichkeit bei geführten Maschinen von einer achsengerechten Positionierung und einer individuellen Geräteeinstellung. Bei geführten Bewegungen ist die Verletzungsgefahr minimiert. Die Frau hat nur 6 Monate Trainingserfahrung und durch die geführten Bewegungen und der geringen Übungsvarianz erlernt sie die Übungsausführungen schnell.

Bei der Übungsauswahl liegt der Schwerpunkt der Muskelgruppe nicht speziell auf eine Muskelgruppe, sondern auf den Ganzkörper. Die Kundin hat im Anfangsgespräch erwähnt, das Sie abnehmen möchte. Aus diesem Grund liegt der Fokus auf die Beinmuskulatur und Bauchmuskulatur. Die Übungsauswahl für die Beinmuskulatur fiel auf die Abduktorenmaschine und die Adduktorenmaschine. Bei der Bauchmuskulatur wird die gerade Bauchmuskulatur mit der Bauchpressmaschine trainiert und die schräge Bauchmuskulatur wird mit der Rotationsmaschine trainiert. Außerdem liegt der Fokus auf die Rückenmuskulatur, da die Frau unter Rückenschmerzen klagt. Die untere Rückenmuskulatur wird durch den Rückenstrecker gestärkt und die obere Rückenmuskulatur wird durch den Butterfly Reverse gestärkt. Generell sollte die Rumpfmuskulatur trainiert werden, denn eine gut ausgebildete Rumpfmuskulatur stellt eine Basis für eine starke Extremitätenmuskulatur da (Bompa & Carrera,2005, S.47 f.).

Im Weiteren Verlauf werde ich von jeder Übung in Tabelle 7, die beanspruchte Muskulatur und deren Nutzen erklären. Bei der Abduktoren Maschine werden M.gluteus medius, M.gluteus minimus beansprucht. Die entgegengesetzte Übung wäre die Adduktoren Maschine, da werden die Muskeln M. adduktor longus, M.aduuctor brevis, M.adductor magnus, M.graciles, M.pectineus (M.gluteus maximus, M.iliopsoas beansprucht. Die beiden Übungen haben den Nutzen, das die richtige Beckenposition beibehalten wird und eine Belastung der Knie und des unteren Rücken vermeiden wird. Abduktoren und Adduktoren haben die generelle Funktion als Hüftstabilisator bei allgemeinen Bewegungen wie Gehen und Laufen.

Bei der Brustpresse werden die Muskeln M. pectoralis major, M.deltoideus, pars clavicularis; M. triceps brachii, M. anconeus beansprucht. Der Nutzen dieser Übung sorgt sowie die Rückenmuskulatur für eine aufrechte Haltung und bei Frauen wäre ein weiterer Nutzen die Straffung der Brustmuskulatur.

Der Rückenstrecker trainiert den Mm. erector spinae und Stärkt den unteren Rücken, somit werden die Rückenschmerzen vermindert. Beim Heben von Lasten wird die Rückenmuskulatur beansprucht und wenn die Muskulatur stark genug ist reduziert sie die Verletzungsgefahr.

Die beanspruchten Muskeln bei der Bauchpressmaschine sind M. rectus abdominis, M. obliquus externus abdominis, M. obliquus internus abdominis. Der Nutzen dieser Übung ist die Stärkung der Wirbelsäule, da die Bauchmuskeln zu der Rumpfmuskulatur zählen.

Die Rotationsmaschine beansprucht M. rectus abdominis, M. obliquus externus abdominis, M. obliquus internus abdominis.Hierbei wird die gesamte Rumpfmuskulatur trainiert und somit wird die Wirbelsäule gestärkt.

Die Übung Butterfly Reverse beansprucht die Muskeln M. trapezius pars transversa, M. deltoideus pars spinata, M.rhomboides minor und major, M. infraspinatus. Hierbei wird die obere Rückenmuskulatur gestärkt und sorgt für eine aufrechte Haltung.

Die letzte Übung ist die Trizepsmaschine, hierbei werden die Muskeln M. triceps brachii, M. anconeus beansprucht. Der Nutzen ist das die Lasten besser getragen werden können und bei Frauen bekannte Winkearme werden verringert.

5 Literaturrrecherche 5

Tabelle 8: Erste Studie, Effekte des Krafttraining bei Osteoporose

Wer hat die Studie durchgeführt?	Calcified tissue international
In welchem Jahr wurden die Studien publiziert?	1989
Welche Forschungsfrage wurde untersucht?	Welche Auswirkungen hat Bewegung auf die Knochenmineraldichte an belastenden und nicht belastenden Stellen?
Mit welchen Versuchspersonen wurde die Studie durchgeführt?	12 junge erwachsene Männer mit mindestens 1 Jahr lang regelmäßigen Muskelaufbauübungen (Verwendung von Gewichten, Trainingsgeräten)
Wie sah der Versuchsaufbau der Studie aus?	Es wurden 50 altersentsprechende Kontrollen (19-40Jahren) durchgeführt. Das Körpergewicht war gleich. Die Knochenmineraldichte (BMD) der Lendenwirbelsäule des Trochanters und des Schenkelhalses wurde doppelt gemessen. Das Photonenabsorptiometrie und BMD der Mittelradius durch Einzelphotonenabsorptiometrie gemessen.
Welche relevanten Ergebnisse und Schlussfolgerungen liefert die Studie?	Es wurde festgelegt, dass muskelaufbauende Übungen zu einer erhöhten BMD an der Lendenwirbelsäule, Trochanter, Schenkelhals führen, aber im mittleren Radius jedoch nicht.

Tabelle 9: Zweite Studie, Effekte des Krafttraining bei Osteoporose

Wer hat die Studie durchgeführt?	Annals of Internal medicine
In welchem Jahr wurden die Studien publiziert?	1988
Welche Forschungsfrage wurde untersucht?	Bewertung der Auswirkung von Krafttraining und an anschließendem Entzug auf den Mineralgehalt des Lendenknochens bei Frauen nach der Menopause
Mit welchen Versuchspersonen wurde die Studie durchgeführt?	35 gesunde, sitzende postmenopausale Frauen im Alter von 55-70 Jahren
Wie sah der Versuchsaufbau der Studie aus?	Es fand eine kontrollierte Kurzzeitstudie (9 Monate), ein Langzeittraining (22 Monate) und ein Training (13 Monate) statt. Alle Frauen nahmen täglich 1500 mg Kalzium zu sich und das Training würde zu 90 % durchgeführt. Die Frauen führten 3 mal die Woche eine 50-60 minütige Belastung „Gehen,, mit 70 % bis 90 % Sauerstoffaufnahmekapazität durch.
Welche relevanten Ergebnisse und Schlussfolgerungen liefert die Studie?	Belastungsübungen führen zu einem erhöhten Anstieg des Knochenmineralgehalts über den Ausgangswert, der bei weiteren Training bei älteren Frauen nach der Menopause beibehalten wurde. Bei reduzierter Belastung kehrte die Knochenmasse auf Ausgangsniveau zurück.

6   Literaturverzeichnis

Zimmer, M. (1999). Entwicklung und Erprobung eines Mehrwiederholungstests zur Erfassung der Kraftleistung im Fitneß-Training. Unveröffentliche Diplomarbeit. Universität des Saarlandes, Saarbrücken.

Eifler, C. (2000). Krafttraining nach der ILB-Methode – Eine empirische Überprüfung der Trainingseffekte bei Anfängern und Fortgeschrittenen. Diplomarbeit. Universität des Saarlandes, Saarbrücken.

Strack, A. & Eifler, C. (2005b). The individual lifting performance method (ILB) – a practical method for fitness- and recreational strength training. In J. Gießing, M. Fröhlich & P. Preuss (Hrsg.), Current Results of Strength Training Research – An empirical and theoretical Approach (S. 153-163). Göttingen: Cuvillier.

Eifler, C. (2013). Empirische Überprüfung der Effekte verschiedener Ansätze zur Intensitätssteuerung im fitnessorientierten Krafttraining. Dissertation. Universität des Saarlandes, Saarbrücken.

Eifler, C. (2017). Intensitätssteuerung im fitnessorientierten Krafttraining – Eine empirische Studie. Marburg: Tectum.

Wirth, K., Aatzor, K. R. & Schmidtbleicher, D. (2007). Veränderung der Muskelmasse in Abhängigkeit von Trainingshäufigkeit und Leistungsniveau. Deutsche Zeitschrift für Sportmedizin, 58 (6), 178-183.

Fröhlich, M., Schmidtbleicher, D. (2008). Trainingshäufigkeit im Krafttraining – ein metaanalytischer Zugang. Deutsche Zeitschrift für Sportmedizin, 59(2), 4-12.

Peterson, M. D., Rhea, M. R. & Alvar, B. A. (2004). Maximizing strength development in athletes: a meta-analysis to determine the dose-response relationship. Journal of Strength and Conditioning Research, 18 (2), 377-382.

Mc Lester, J. R., Bishop, J. P. & Guilliams, M. E. (2000). Comparison of 1 day and 3 day per week of equal-volume resistance in experienced subjects. Journal of Strength and Conditioning Research, 14 (3), 273-281.

Buskies, W. & Boeckh-Behrens, W.-U. (2009). Fitness-Gesundheits-Training. Die besten Übungen und Programme für das ganze Leben (Bd. 61084). Reinbek bei Hamburg: Rowohlt.

Greiwing, A. & Freiwald, J. (2005). Effects of three resistance training methods on maximal strength endurance and muscle thickness oft he m. quadrizeps femoris. In J. Gießing, M. Fröhlich & P. Preuss (Hrsg.), Current results of strength training research. An empirical and theoretical approach (1. Aufl, S. 65-79). Göttingen: Cuvillier.

Humburg, H. (2005). 1-Satz- vs. 3-Satz-Training. Die Auswirkungen des Krafttrainingsvolumens auf Maximalkraft, Kraftausdauer, Muskeldicke und neuronale Faktoren. Dissertation. Universität Hamburg, Hamburg.

Kraemer, W. J. (1997). A series of studies: The physiological basis for strength training in American football: fact over philosophy. Journal of Strength and Conditioning Research, 11 (3), 131-142.

Marx, J. O., Ratamess, N. A., Nindl, B. C., Gotshalk, L. A., Volek, J. S., Dohi, K. et al. (2001). Low-volume circuit versus high-volume periodized resistance training in women. Medicine and science in sports and exercise, 33 (4), 635-643.

Paulsen, G., Myklestad, D. & Raastad, T. (2003). The influence of volume of exercise on early adaptations to strength training. Journal of Strength and Conditioning Research, 17 (1), 115-120.

Pearson, D., Faigenbaum, A. D., Conley, M. & Kraemer, W. J. (2000) The national strength and conditioning association's basic guidelines fort he resistance training of athletes. Strength and Conditioning Journal, 22 (4), 14-27.

Schlumberger, A., Stec, J. & Schmidtbleicher, D. (2001). Single- vs. Multiple-set strength training in women. Journal of Strength and Conditioning Research, 15 (3), 284-289.

Peterson, M. D., Rhea, M. R. & Alvar, B. A. (2005). Applications oft he dose-response for muscular strength development: a review of metaanalytic efficiacy and reliability for designing training prescription. Journal of Strength and Conditioning Research, 19 (4), 950-958.

Rhea, M. R., Alvar, B. A., Burkett, L. N. & Ball, S. D. (2003). A meta-analysis to determine the dose response for strength development. Medicine and science in sports and exercise, 35 (3), 456-464.

Wolfe, B. L.. Le Mura, L. & Cole, P. J. (2004). Quantitative analysis of single- vs. Multiple-set programs in resistance training. Journal of Strength and Conditioning Research, 18(1), 35-47.

Koch, A. & Haff, G. G. (1999). Training for size vs. Training for power. Muscular Development, 33 (8(, 96-103.

Güllich, A. & Schmidtbleicher, D. (1999). Struktur der Kraftfähigkeiten und ihrer Trainingsmethoden. Deutsche Zeitschrift für Sportmedizin, 50 (7,8), 223-234.

Gießing, J., Fröhlich, M. & Preuss, P. (Hrsg.). (2005). Current results of strength training reseach. An empirical and theoretical approach (1. Aufl). Göttingen: Cuvillier.

Buskies, W. (1999). Sanftes Krafttraining nach dem subjektiven Belastungsempfinden versus Training bis zur muskulären Ausbelastung. Deutsche Zeitschrift für Sportmedizin, 50 (10), 316-320.

Steininger, K. & Buchbauer, J. (1994). Funktionelles Kraftaufbautraining in der Rehabilitation. Oberhaching: Gesundheitsdialog.

Prestes, J., De Lima, C., Frollini, A. B., Donatto, F. F. & Conte, M. (2009). Comparison of linear and reverse linear periodization effects on maximal strength and body composition. Journal of Strength and Conditioning Research, 23 (1), 266-274.

7 Tabellenverzeichnis